Naila Trícia do Espírito Santo
Texto

Ana Paula Rocha
Ilustração

O PEIXE E O LAGARTO

dp

MT MENINA DA TRANSFORMAÇÃO

O PEIXE E O LAGARTO

Naila Trícia do Espírito Santo

Texto

Ana Paula Rocha

Ilustração

Editora:
Menina da Transformação
(suportemeninadatransformação@gmail.com)

Autora:
Naila Trícia do Espírito Santo
(meninadatransformacao@gmail.com)

Ilustração:
Ana Paula Rocha
(anapaularsn@gmail.com)

Revisão:
Vera Lúcia de Simoni
De Simoni Comunicação
(vldesimone@terra.com.br)

Dados Internacionais de Catalogação na Publicação (CIP)
(Câmara Brasileira do Livro, SP, Brasil)

Santo, Naila Tricia do Espirito

O peixe e o lagarto / Naila Tricia do Espirito Santo, texto ; Ana Paula Rocha, ilustração. -- São Paulo : Editora DSOP, 2024.

ISBN 978-85-8276-600-2

1. Literatura infantojuvenil I. Rocha, Ana Paula.
II. Título.

23-175585 CDD-028.5

Índices para catálogo sistemático:

1. Literatura infantil 028.5
2. Literatura infantojuvenil 028.5

Eliane de Freitas Leite - Bibliotecária - CRB 8/8415

EDITORA
MENINA DA TRANSFORMAÇÃO
dsop editora

Caro leitor,

É com imensa satisfação e alegria que lançamos o selo da Editora Menina da Transformação.

A história do livro que inaugura o selo desta editora foi criada em um momento de muita angústia e sensação de fracasso, vivenciados por mim em uma fase de transição para uma nova carreira. Quem dá o toque final é a ilustradora Ana Paula Rocha, minha prima superespecial, convidada para participar desta obra.

Depois de 20 anos de muito estudo e dedicação à Medicina, inspirada pela minha nova missão de ajudar as pessoas no seu processo de autoconhecimento e expansão da consciência por meio da meditação, eu decidi criar a empresa Menina da Transformação.

Junto a este novo empreendimento, vêm os desafios da nova jornada como empreendedora.

Tudo isso está revelado pelas aventuras da peixinha Choice e de seu mentor Sr. Lagarto, quando ela decide usar suas nadadeiras para escalar montanhas.

Venha comigo, amigo leitor, descobrir onde vai dar toda esta história.

Naila Trícia do Espírito Santo

(A *Menina da Transformação*)

Agradecimentos

Agradeço à inspiração divina que um dia sintetizou em um "download" esta história.

Gratidão à minh'alma, à Menina da Transformação e à minha experiência humana que me fez recordar deste sonho. Que eu seja fonte de várias inspirações como esta, a qual compartilho com a humanidade.

A todas as pessoas que escutaram esta história e que me incentivaram a publicá-la para que não ficasse só comigo, mas que fosse para o mundo e voasse, tocando vários corações.

Por isso, agradeço à Ana Paula, amiga, prima, ilustradora, ser de luz, que resgata comigo a arte e os artistas de nossa família. Ao Instituto de Pesquisa e Projetos Empreendedores (IPPE) e a todos os seus alunos que um dia, numa sala de aula, a ouviram em desabafo.

Ao meu amigo Pereira, à revisora Vera Lúcia De Simoni e à madrinha deste livro, Eliane Dantas.

Agradeço à minha família, que me apoia incondicionalmente: minha mãe, Selma; meus irmãos, Neilor e Naiara; meus cunhados, Paula e Alcione; minha madrinha, Sonia; meu afilhado Thiago; minhas primas Carla e Eliane; meu primo Erick e ao meu irmão de coração Hudson e sua esposa Camilla.

Dedico este livro a algumas crianças (que ao mesmo tempo representam todas as crianças, sementes de esperança no mundo): em especial, à Bibi, minha sobrinha, e ao Bê, sobrinho da Ana Paula.

Aos primos e primas, que esta obra possa despertar o artista em cada um de vocês. A algumas crianças, não tão crianças assim: Alline, Lucas e Lícia.

E agradeço por acreditar na continuidade da vida, ao meu sobrinho(a) que ainda vai chegar ao nosso plano terreno.

Que todos os seres sejam felizes e possam vivenciar seus mais elevados sonhos.

Com amor sempre,

Naila Trícia, a Menina da Transformação.

Filho de peixe... peixinho é.

"Temos que ter coragem para sacrificar o tédio."
(Richard Bach do livro Ilusões)

A história de como uma peixinha adapta suas nadadeiras para escalar montanhas.

Os peixinhos que se encontravam no mar disseram
que a Choice estava preparando suas nadadeiras para voar.

A peixinha saía à noite escondida. Não entendia o porquê, mas estava cansada de nadar. "Nadar é fácil, fluido... Belooo. Mas estou entediada..."

Lá do rio ou de dentro do mar, olhava pra fora e via o lagarto a escalar suas montanhas. Ela tinha duas vergonhas: uma de não querer mais nadar e outra de querer escalar as montanhas tal qual o Sr. Lagarto; porém, não sabia como. Eles se conheceram quase por acaso... mas, como dizem que não há acaso na vida, eles se conheceram e pronto, como tinha de ser.

Que coisa estranha! O lagarto da montanha não tirava o olho do mar. A peixinha do mar não cansava de observar a montanha, e o Sr. Lagarto, estável lá igual a chiclete grudado em qualquer lugar. No chão, na parede, no teto. Pode balançar até... que ele não cai!

A peixinha ficava imaginando... Será que o Sr. Lagarto tem chiclete escondido nas patas?

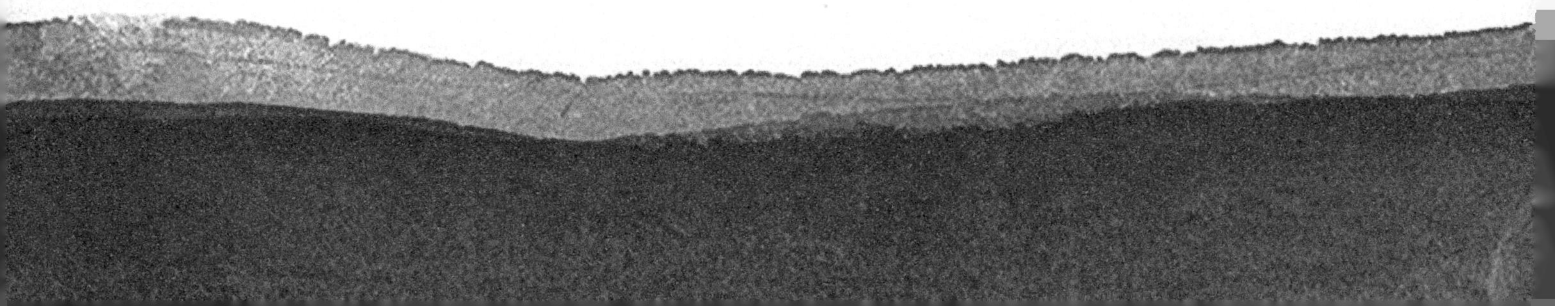

Pensando assim, uma noite dessas, escondidinha e afastada do seu cardume, a peixinha tenta grudar um chiclete nas suas nadadeiras. O chiclete foi encontrado em cima de uma pedra, bem no fundo do rio. Essa peixinha era danada!

Quando ainda não tinha enjoado de nadar, ela gostava de ficar ora no rio, ora no mar. Justamente aí, entre o doce e o salgado das águas de sua vida. Mas a peixinha tentou, tentou e nada. Ela escorregava igual a quiabo de qualquer coisa, e o chiclete não grudava nela.

Frustrou com sua primeira tentativa de se aventurar fora do mar. Nessa noite, sua tentativa ficou só dentro da sua cabeça, em seus pensamentos, sonhando em ir às montanhas pra escalar.

Durante o dia, todos os peixes de seu cardume nadavam como de costume, pra lá, pra cá. A peixinha ficava horas e horas escondida entre duas pedras, meditaaaaaando... Imaginando formas de sair do mar pra escalar!

Pensou e tentou tantas coisas. Numa noite dessas, fugiu. Fingiu de morta, flutuou no mar e caiu nas mãos de um menino, um humano...
- Veja, mamãe, uma peixinha morta! Que triste, eu a encontrei na beira do mar, a flutuar!

Num deslize do menino, a peixinha Choice abriu os olhos e saltitou para longe, debatendo suas nadadeiras. Mas já era dia. O sol castigava a sua pele, e suas escamas estavam secando.

Ela pensou: "Tem jeito não; meu lugar é mesmo no mar!" E o menino viu a peixinha saltitando e ficou feliz.
- Veja, mamãe, ela não estava morta. Está pulando! Vou salvar uma vida!
- Eufórico, gritava o menino.
Catou a peixinha entre suas mãozinhas e, com toda a sua força, atirou-a de volta ao mar. A peixinha sentiu alívio porque estava de volta ao seu mar tão conhecido. Contudo, estava triste porque a montanha parecia tão looonge...

Alguns peixinhos do seu cardume percebiam que algo se passava com a Choice. No início, ela era uma peixinha que não parava de nadar, dia e noite, noite e dia. Agora, ela estava ali borocoxô, mais parada entre as pedras do que tudo.

E, quando não estava imóvel, fazia movimentos estranhos com suas nadadeiras sem sequer sair do lugar. Os peixinhos não sabiam que Choice, quando assim se mexia, sem sair do lugar, estava imaginando que suas nadadeiras eram como as patas do Sr. Lagarto.

Assim ela abraçava forte suas nadadeiras nas pedras do fundo do mar. Ela ficava lá. Aprendeu a saltitar de uma pedra a outra, a dar cambalhotas e até mesmo a se equilibrar numa nadadeira só. Os outros peixinhos olhavam pra ela e pensavam: "Pobrezinha da Choice. Está de dar dó!"

Mas era assim, apenas assim parecendo parada, sem nada fazer, somente sendo o lagarto imaginário com suas habilidades, que Choice conseguia viver seus dias. Não sabia bem por que, mas não conseguia nadar como antes.

Passou a nadar de um jeito diferente quando precisava se deslocar dentro do mar. Parecia que a água se transformara em montanha, tanto que as nadadeiras de Choice ora pareciam pés humanos, ora pareciam garras de um felino ou até mesmo patas de lagarto.

Um dia, Choice decidiu sair de suas profundezas e subir novamente à superfície do mar. Era noite, e o Sr. Lagarto apareceu por lá. O lagarto emocionado parecia camaleão: no lugar de mudar de cor, mudava de emoção:

- Estava com saudades de você!
E ele sorriu alegremente.

- Sumiu tanto!
E fez cara de raiva.

- Tanto que, de tanto não te ver,
me esqueci do sonho de nadar.
E ficou triste!

- Mas eu nunca me esqueci
do seu sonho de escalar.
E voltou a sorrir, daquele jeitinho
de bicho que ri com os olhos.

- Subi a montanha em lugares incríveis
e quero te mostrar. Falou o lagarto determinado.

E a peixinha, que tanto havia treinado, respondeu:
- Ok, estou pronta para conhecer sua montanha!

Era noite de lua cheia, e o perfil da montanha se mostrava prateado.
- Vamos por este caminho de luz? Perguntou a peixinha.

Junto do Sr. Lagarto, eles subiram enfrentando o vento, as pedrinhas que rolavam tal como cascalho, o mato, alguns animais, o cansaço e também o medo. Escorregaram muito montanha abaixo, quando estavam quase lá no cume.

Mesmo assim, conseguiram se "reerguer, sacudiram a poeira e deram a volta por cima". Por cima da rocha que estava solta e tinha-os feito rolar montanha abaixo.
- Ohhhhhhhhhh!

Foram tantas aventuras que Choice compartilhou com o Sr. Lagarto!

Lá do fundo do mar, alguns peixinhos que ficavam intrigados com a loucura de Choice despertaram no meio da noite enluarada e viram o caminho de luz na montanha.

Choice não voltou mais para o seu antigo cardume. Não tiveram notícias dela. Choice, a peixinha que deixou de nadar para escalar, virou lenda lá no mar.

Os peixinhos que se encontravam no mar disseram que Choice estava preparando suas nadadeiras para voar!

Naila Trícia do Espírito Santo

Oi, eu sou a Naila Trícia, mais completamente Naila Trícia do Espírito Santo. Não tão santo assim, para dizer a verdade, com o espírito bem aventureiro e serelepe. Quando pequena, eu gostava de cantar, fazer teatrinho, ouvir, contar e inventar histórias. Brincava de cuidar das pessoas com injeção e de "faz de conta" com a imaginação. De contorcer o corpo, fazendo muitas formas. Até hoje gosto de virar de ponta-cabeça. E essas coisas de pequena ainda moram na adulta. Hoje sou médica e professora. Pratico yoga e meditação. Viajo pelo mundo de mochila e também com a minha imaginação. Ainda sonho, e sonho muito. Você pode se perguntar de onde vem sua inspiração? Vem dela ...antes eu a mantinha em segredo, mas agora já posso te revelar: vem da Menina da Transformação.

Ana Paula Rocha

Oi, eu sou a Ana, desde pequena sou encantada pela maneira como as cores e as pinceladas se misturam e vivificam um papel em branco. A pintura em aquarela é sempre uma meditação e o autoconhecimento, aprender a fluir com as águas, soltar o controle e enfrentar barreiras e medo internos. Hoje, sou arquiteta de formação e ilustradora de coração!

"Troquei a segurança pelo amor próprio!"

Naila Trícia, a Menina da Transformação.